AF357166

MÉTHODE DE LECTURE.

AVIS.

Tout exemplaire de cet ouvrage non revêtu de ma griffe sera réputé contrefait.

PARIS. — IMPRIMERIE DE FAIN, RUE RACINE, 4.

MÉTHODE DE LECTURE,

PAR M. GALLIEN,

Professeur de Lecture et de Grammaire à l'École normale primaire de Versailles.

LIVRE DES ÉLÈVES.

PARIS,

LIBRAIRIE CLASSIQUE ET ÉLÉMENTAIRE DE L. HACHETTE,

RUE PIERRE-SARRAZIN, N° 12.

1836.

TABLE.

ALPHABET.

VOYELLES			CONSONNES		
SIMPLES.	COMPOSÉES.	NASALES.	SIMPLES.	COMPOSÉES.	DOUBLES.
a		an, am			
e		en, em	b		bl, br
è			c		cl, cr
ê			d		dr
i		in, im	f		fl, fr
			g		gl, gr
			h		
			j		
			k		
y		yn, ym	l		
			m		
			n		
o		on, om	p		pl, pr

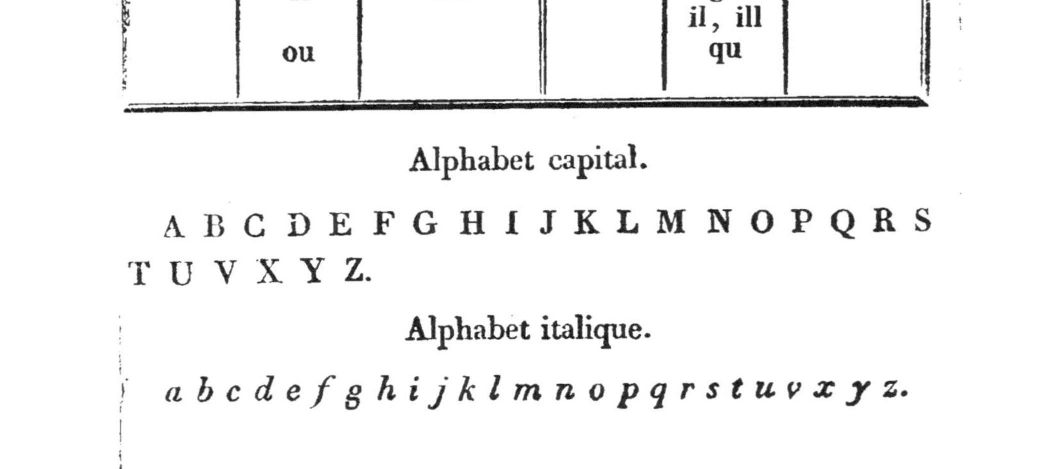

u		un, um	q		
	ai, ei	ain, aim, ein	r		tr
			s		vr
	au, eau		t		
			v		
			x		
			z		
	eu, œu	eun		ch	chl, chr
				ph	phl, phr
	oi	oin		gn	
				il, ill	
	ou			qu	

Alphabet capital.

A B C D E F G H I J K L M N O P Q R S T U V X Y Z.

Alphabet italique.

a b c d e f g h i j k l m n o p q r s t u v x y z.

N° 1. **FORMATION DES SYLLABES.**

a-do-ré	a-ma-zo-ne	mou-lu-re
a-bî-me	py-ra-mi-de	ha-lei-ne
vé-ri-té	po-ly-pe	sa-lu-tai-re
va-ni-té	a-xe	vé-té-ri-nai-re
ha-bi-le	fi-xe	bon-té
fa-tu-i-té	zi-za-ni-e	rou-ti-ne
hu-ma-ni-té	ma-xi-me	ba-lai
ha-bi-tu-de	moi-ré	rai-nu-re
la-ti-tu-de	jeu-ne	é-tau
bé-a-ti-tu-de	jau-ne	sou-ri-re
a-mo-vi-bi-li-té	ba-lei-ne	so-li-veau
ju-ju-be	rei-ne	meu-le
ma-jo-ri-té	bi-jou	o-ra-toi-re
ki-li-a-re	é-moi	ba-teau

ba-din	a-ban-don	si-gne
bâ-ton	ré-u-ni-on	mon-ta-gne
man-teau	mu-tin	cha-ri-té
ho-ri-zon	ma-tin	châ-teau
ja-lon	mou-lin	pho-que
in-sen-sé	lam-pe	ba-gne
é-pou-van-te	ram-pe	li-gne
é-ten-du	cha-lou-pe	mi-gnon
a-li-men-tai-re	chi-mè-re	pha-é-ton
je-ton	cha-peau	qua-li-té
di-men-si-on	pha-re	quo-ti-té
pen-si-on	eu-pho-ni-que	quan-ti-té
o-pi-ni-on	nym-phe	quin-ze
mou-ton	rè-gne	qua-ran-te

N° 2.   FORMATION DES SYLLABES.

ca-ba-le	ca-ra-bi-ne	gî-te
ci-re	ci-ta-din	gau-de
ca-ba-ne	co-de	gé-né-ra-li-té
a-ci-de	cé-ré-mo-ni-e	a-ga-te
ca-deau	ca-ci-que	â-gé
cé-ré-a-le	ca-du-cé-e	ai-gu
ca-la-mi-té	co-ri-a-ce	a-gi-li-té
fa-ï-en-ce	ga-ge	i-ma-ge
ca-ma-ra-de	ga-bi-on	am-bi-gu
ca-fé	gain	ba-di-na-ge
ca-non	gai	fi-gu-re
ce-ci	ga-lon	ra-ma-ge
ca-li-ce	gau-le	son-ge
can-ton	gé-né-a-lo-gi-e	ri-go-le

men-son-ge

a-ca-dé-mi-e

ga-re

a-ca-ci-a

gâ-té

vo-ra-ce

sin-ge

ca-lo-ri-fè-re

é-ga-li-té

cein-tu-re

ma-ri-a-ge

bé-né-fi-ce

co-hu-e

i-ma-gi-nai-re

a-da-ge

cou-tu-me

pa-ge

ca-ve

ge-nou

cen-ti-me

gâ-teau

ci-ga-le

ci-ra-ge

con-gé

ca-ge

gen-ci-ve

ca-bo-ta-ge

ca-co-lo-gi-e

di-li-gen-ce

en-ra-gé

ca-go-te-ri-e

co-a-gu-lé

ci-ga-re

a-gen-ce

ci-gu-ë

cou-la-ge

cou-ra-ge

cu-ba-ge

cu-va-ge

a-ga-ce-ri-e

né-go-ce

ca-no-na-ge

N° 3.   **FORMATION DES SYLLABES.**

blai-reau	gla-ce	droi-tu-re
ta-ble	glo-bu-le	frè-re
bi-ble	gloire	fré-ga-te
fai-ble	ai-gle	fro-ma-ge
cla-ve-cin	pla-que	fru-ga-li-té
clo-che	plan-te	gra-ti-tu-de
mi-ra-cle	plai-ne	gre-na-de
so-cle	bra-va-de	vi-nai-gre
fla-con	bri-de	pra-ti-que
cla-vi-cu-le	bro-chu-re	pro-vi-den-ce
fleu-ron	cra-va-che	pro-fa-ne
flû-te	cré-a-tu-re	tra-gi-que
glo-be	cri-ti-que	tri-bu-tai-re
sei-gle	dra-peau	tri-om-phe

blê-me	chlo-ré	pla-ni-mé-tri-e
cru-che	phlé-bo-to-mi-e	prê-tre
flu-i-de	phré-no-lo-gi-e	trem-ble
grê-le	chro-ma-ti-que	tri-ple
trai-té	â-pre-té	plâ-tre
flo-con	chro-no-lo-gi-e	bleu-â-tre
dra-me	cré-du-li-té	tri-an-gle
glu-au	cri-ble	plain-dre
train	croî-tre	tri-gly-phe
cra-tè-re	fra-tri-ci-de	com-pren-dre
clou-te-ri-e	trou-ble	tri-go-no-mé-tri e
brè-che	traî-tre	em-plâ-tre
gru-au	fri-a-ble	crain-dre
tran-che	cloî-tre	con-train-dre

N° 4.   FORMATION DES SYLLABES.

hiver	choisir	querelle
archipel	dépouille	paille
relief	voyez	feuille
échec	vermoulu	les nouvelles
vermeil	nectar	des batailles
direct	prétexte	les préceptes
grec	vertu	tes élèves
soleil	liberté	mes maximes
autel	fraterniser	les artistes
réveil	merveille	des armées
artificiel	dextérité	les terres
serf	éternisé	ses richesses
travaillez	sexe	tu es sage
famille	extrême	il est bon

PHRASES.

Que de merveilles diverses la nature étale !

Le fer est un métal plus utile que l'or.

Sache vivre de peu et borner tes désirs.

Si la justice est méprisée sur la terre, il y a au ciel un Dieu juste, protecteur de la vertu.

Le plaisir est passager et la richesse périssable.

Faites de la sagesse et de la vertu votre seule parure.

De même que le feu éprouve l'or, de même l'adversité éprouve l'ame courageuse

N° 5.   **FORMATION DES SYLLABES.**

charlatan	quelqu'un	humidité
instructif	humble	urbanité
enfin	témoin	inhospitalier
hautain	lointain	bien , mien
dessein	baragouin	entretien
arlequin	pointe	instrument
craintif	humanité	serpent
nymphe	fontaine	souvent
feinte	demain	ils crient
lynx	inimitié	ils parlaient
abandon	infini	ils aiment
monde	bonheur	ils parlent
frondeur	opinion	ils finissent
chacun	intime	inconvénient

PHRASES.

Un bon ami est un trésor.

Honore ton père et ta mère.

Que celui qui a sa maison de verre, ne jette pas des pierres sur celle de son voisin.

On trouve la santé dans la tempérance, la richesse dans l'économie, le bonheur dans la vertu.

Celui qui désire le bien d'autrui mérite de perdre le sien.

C'est n'être bon à rien que n'être bon qu'à soi.

Avec la sobriété et la vertu, on se passe du juge et du médecin.

Nº 6. LETTRES NULLES, ÉLISION, LIAISONS.

j'emploie

tu joues

il prie

dévouement

je paierai

tu aimeras

ils prieront

bourgeois

guerre

août

notre ami

gloire à vous

vaincre ou mourir

babillard

univers

transport

chevaux

tribut

choix

époux

abbé

accablant

effronté

illusion

grammaire

femme

annonce

année

appui

erreur

attente

croc-en-jambe

grand homme

neuf et trois

bel et bon

trop avancé

cinq et six

heur et malheur

plus on va

mieux on fait

tout ou rien

venez ici

PHRASES.

Il ne faut offenser personne : on a souvent besoin d'un plus petit que soi.

Quiconque attend le superflu pour secourir les malheureux, ne leur donnera jamais rien.

Ne faites à autrui que ce que vous voudriez qu'on vous fît à vous-même.

Le plus méchant des hommes est celui qui ne veut pas pardonner.

Ne te lie jamais avec un homme que tu ne croiras pas plus sage et plus vertueux que toi.

Le véritable orphelin n'est pas celui qui a perdu ses parents, mais celui qui n'a ni science ni vertu.

 ## LECTURE COURANTE.

NOS PARENTS.

Chérissons nos parents : nous ne leur devons pas seulement la vie, mais encore la nourriture, le vêtement et l'éducation, qui est le plus grand des biens. De quels tendres soins ne nous ont-ils pas entourés depuis notre berceau ! Que de peines, que d'inquiétudes, que de dépenses de tout genre ne leur avons-nous pas coûtées ! Non, quel que soit notre amour, nous ne pourrons jamais les payer de tout ce qu'ils ont fait pour nous.

Nous ne devons pas seulement aimer nos parents : nous devons encore les respecter. La nature les a établis nos maîtres, nos conseillers, nos guides. Un bon fils n'entreprendra jamais rien sans avoir consulté son père et sa mère; à plus forte raison ne fera-t-il jamais rien contre leur volonté.

Le respect pour nos parents doit nous tenir les yeux et la bouche fermés sur leurs défauts. Celui qui dit du mal de son père ou de sa mère est un fils dénaturé; le mépris dont il cherche à couvrir les auteurs de ses jours, retombera sur lui-même.

C'est encore le devoir d'un fils de soulager ses parents, de les aider, de les assister dans touts leurs besoins. La nature et la reconnaissance lui en font une loi, et malheur à lui s'il y manque! Sa dureté sera payée du mépris universel, et il finira misérablement.

 # LECTURE COURANTE.

LE TRAVAIL.

Nous sommes nés pour travailler, puisque c'est la condition de notre existence. En effet, ce n'est que de son travail que l'honnête homme peut attendre la nourriture, le vêtement, la santé, la science et les autres biens. Que le paresseux n'accuse donc que lui-même de sa misère : celui qui ne travaille pas, ne mérite pas de manger.

La société humaine repose tout entière sur le travail. C'est une communauté où, pour le bien de touts, chacun apporte ses bras, sa science, son industrie. L'homme oisif vit donc aux dépens des autres ; c'est un vol qu'il fait à la société.

Le travail est la sauve-garde des vertus. En effet, quel accès le mal pourrait-il trouver dans le cœur, quand l'esprit et le corps sont occupés? L'homme laborieux n'a pas même le temps de songer au mal, tandis que le paresseux est à chaque moment assailli par la tentation.

Tous les jours on vous dit : Fuyez l'oisiveté, car elle est la mère de touts les vices. Rien de plus vrai : le paresseux cherche la dissipation comme un remède à l'ennui; la dissipation le mène à la débauche, au jeu, au vol, au meurtre et à touts les crimes.

 LECTURE COURANTE.

LA BIENFAISANCE.

La bienfaisance est la plus belle, la plus noble des vertus. L'homme bienfaisant est la providence des mal-heureux ; c'est un Dieu sur la terre ; son nom est béni, et sa mémoire ne périra pas.

Nous devons secourir les malheureux ; ils sont nos frères, et nous serions coupables de laisser des frères dans le besoin. Si nous sommes riches, donnons beaucoup, car notre superflu appartient à ceux qui n'ont pas le né-cessaire. Si nous sommes pauvres, donnons du peu que nous avons, car rien ne rafraîchit le sang comme la bienfaisance, et il n'est pas de plaisir qui vaille celui d'une bonne action.

Ne faisons le bien ni par ostentation ni dans l'espoir de la reconnaissance; car notre bonté ne serait que de l'égoïsme. Exiger de la reconnaissance, c'est vouloir se payer deux fois d'une bonne action : n'est-on pas assez récompensé par le plaisir de l'avoir faite?

L'égoïsme, qui est le vice opposé à la bienfaisance, est de toutes les plaies de l'ame, la plus honteuse et la plus dégoûtante. Il flétrit le cœur, il le tue en lui enlevant la sensibilité. Il rend l'homme dur, cruel, bas, haineux, incapable d'un mouvement de générosité, inutile à touts, et malheureux au sein même des jouissances.

<table>
<tr><td>N° 10.</td><td>LECTURE COURANTE.</td></tr>
</table>

LE BONHEUR.

Il y a des gens qui voient le bonheur dans les richesses et les plaisirs. C'est une grande erreur. Les plaisirs, les richesses, ne produisent que soucis, tourments, maladies et remords. Voyez le riche et le voluptueux : ils ne songent, l'un qu'à augmenter ses richesses, l'autre qu'à multiplier ses jouissances. Que leur revient-il de leurs trésors, de leurs plaisirs? Ils les ont achetés au prix **de** leur santé, peut-être de leur conscience ; ils ne les conservent que par un sacrifice continuel de leur repos ou de leur honneur : tourmentés sans relâche par la crainte, sans cesse dévorés par l'envie, par la haine, par toutes les passions, ils usent leur corps et leur âme dans ce cercle d'agitation, d'intrigue et de honte, et meurent flétris par la jouissance, sans avoir connu le bonheur.

Le bonheur! il est dans le désintéressement, le travail et la tempérance, parce que ce n'est que là qu'on trouve paix, santé et vertu. Travailler, vivre de peu et sans ambition, voilà donc le secret pour être heureux. En effet, que manque-t-il à l'homme laborieux, sobre et désintéressé? Sa nourriture est frugale, son vêtement modeste, sa demeure simple comme sa nourriture et son vêtement. Non-seulement son travail doit suffire à de pareils besoins, mais il doit lui donner en superflu de quoi exercer la bienfaisance. Certes, cet homme-là est heureux, ou le bonheur n'est pas sur la terre.

 # LECTURE COURANTE.

LA VERTU.

La vertu consiste à faire tout le bien qu'on peut, et à ne faire sciemment aucun mal. Et qu'on ne dise pas que ces devoirs sont difficiles à remplir : ils sont simples autant que sublimes. Non-seulement nous en portons la loi écrite au fond de nos cœurs, mais un juge nous a été donné pour nous la présenter et nous l'interpréter à toute heure : c'est la conscience. Ce juge est toujours là pour nous faire discerner le juste d'avec l'injuste, pour nous féliciter quand nous faisons une bonne action, et pour nous accuser si nous oublions nos devoirs. Il suffit donc, our être vertueux, d'écouter la voix de sa conscience : h ! si l'on n'étouffait jamais les cris de ce juge sévère, l n'y aurait rien à faire pour la justice humaine et ses ribunaux.

La vertu a besoin, pour se conserver pure, des soins les plus constants et les plus assidus. C'est une fleur que le moindre souffle du vice peut brûler et flétrir. Fuyons donc a société du méchant, si nous tenons à rester vertueux : a mauvaise compagnie rend les bons méchants, et les méchants pires.

N° 12.   **LECTURE COURANTE.**

LATIN.

æternitas	umbra	Cicero	illudere
festivitas	undam	Cæsar	ancilla
vere , bene.	dominum	cœlum.	lingua
tabulæ	vendere	canis	aqua
pœnitet	emptus	gaster	anguis
ambitus.	avem	genus	unguem
imperio	omen	homo	requiem
intrare	annus	heros	aliquem
nympha	amnis	arca	aliquot
libram	hymnus	charta	quoties
titan	pennæ	agnus	prudentia
securim	solemnis	ignis	substantiam

Macedonum acies, torva sane et inculta, clypeis hastisque immobiles cuneos et conserta robora virorum tegit : ipsi Phalangem vocant peditum stabile agmen; vir viro, armis arma conserta sunt; ad nutum monentis intenti, sequi signa, ordines servare didicere; quod imperatur omnes exaudiunt; obsistere, discurrere in cornua, mutare pugnam non duces magis quam milites callent; et ne auri argentique studio teneri putes, adhuc illa disciplina paupertate magistra stetit; fatigatis humus cubile est; cibus quem occupant satiat; tempora somni arctiora quam noctis sunt.

FIN.

BIBLIOTHEQUE ROYALE
I